AF356674

VENTE AUX ENCHÈRES PUBLIQUES

HÔTEL DROUOT, SALLE N° 8

Le Samedi 7 Décembre 1912

à deux heures

OBJETS D'ART & DE CURIOSITÉ

PRINCIPALEMENT

DE LA CHINE ET DU JAPON

KAKEMONOS, RECUEILS

Bronzes, Bois et laques, Céramiques, Objets de vitrine

IMPORTANT CABINET EN LAQUE

COMMODE LOUIS XV, ESTAMPILLÉE DE LARDIN

Composant la Collection de M. M...

ET

TABLEAUX, TAPISSERIES, OBJETS VARIÉS

Appartenant à Divers

EXPOSITION PUBLIQUE

Le Vendredi 6 Décembre 1912, de 2 h. à 6 heures

COMMISSAIRE-PRISEUR	EXPERT
Mᵉ ANDRÉ COUTURIER	**M. GEORGES GUILLAUME**
Successeur de M. Léon TUAL	13, rue d'Aumale
56, rue de la Victoire	PARIS

CONDITIONS DE LA VENTE

Elle sera faite au comptant.

Les adjudicataires paieront *dix pour cent* en
sus des enchères.

Paris. — Imp. de l'Art, Ch. Berger 41, rue de la Victoire.

DÉSIGNATION

Iº Collection de M. M...

KAKEMONOS
RECUEILS, ALBUMS, GRAVURE

1 — Kakemono, présentant des figures de femmes ailées.

2 — Kakemono, présentant des arbustes fleuris et des oiseaux.

3 — Kakemono carré : cigognes au soleil.

4 — Petit kakemono carré, à décor de fleurs et sauterelle.

5 — Six petits kakemonos à paysages dans un cadre en bambou.

6 — Kakemono, présentant des scènes de réjouissance pour la naissance de Bouddha.

7 — Kakemono, à décor de personnage assis.

8 — Kakemono, présentant une perdrix en cage.

9 — Kakemono, avec panier fleuri.

10 — Kakemono en largeur, présentant des cygognes parmi des arbres en fleurs.

11 — Kakemono, présentant des fleurs et des oiseaux.

12 — Kakemono rectangulaire, présentant des oiseaux perchés.

13 — Grande carte géographique des côtes chinoises.

14 — Intéressant recueil de huit enluminures chinoises sur soie, présentant des personnages, des scènes diverses et des animaux.

15 — Autre recueil, renfermant des paysages, personnages et animaux, sur papier de riz.

16 — Deux recueils de gravures chinoises.

17 — Autre, présentant des gravures sur la botanique.

18 — Autre, présentent des scènes de personnages dans des paysages à pagodes.

19 — Autre, à paysages et animaux.

20 — Petit album, présentant vingt figurines chinoises, en couleurs.

21 — Autre album de reproductions (gravures et chromolithographie.)

22 — Autre album, renfermant des photographies de contrées chinoises.

23 — Ancienne gravure en noir, d'après SCHALKEN, par WILLE : le Concert de famille.

PORCELAINE, CÉRAMIQUE
OBJETS DE VITRINE ET DIVERS

24 — Cache-pot en porcelaine de Chine, à décors blancs en relief sur fond bleu.

25 — Deux autres plus petits.

26 — Grande bouteille lobée en porcelaine de Chine, à décors bleus.

27 — Bol lobé en porcelaine de Chine, à décors bleus.

28 — Coupe, forme éventail, même porcelaine.

29 — Deux plats en porcelaine du Japon, à réserves sur fond polychrome.

30 — Huit bols bas en porcelaine du Japon, à décors rouges et dorures.

31 — Trois autres plus petits, à décors bleus.

32 — Lots d'assiettes, bols, théières et pièces variées en porcelaine de la Chine et du Japon. (Seront divisés.)

33 — Paire de lampes en céramique de Satzuma.

34 — Plat rond, même matière.

35 — Deux pots de pharmacie en faïence du Midi, à décors bleus de serpents.

36 — Deux autres en faïence décorée.

37 — Pichet en biscuit de Wedgwood, à personnages.

38 — Cachet en bronze, à décor de triton.

39 — Petite selle en métal décoré.

40 — Eventail chinois, décoré de nombreux personnages à têtes d'ivoire ; monture et étui en laque noire et or.

41 — Eventail en laque noire et or ; feuille en papier décoré.

42 — Ombrelle chinoise.

43 — Plumier en laque persane.

44 — Boîte rectangulaire en ivoire.

45 — Etui plat en ivoire sculpté.

46 — Deux ronds de serviette en ivoire sculpté.

47 — Trois netzukés en ivoire sculpté.

48 — Netzuké en bois sculpté : grenouille.

49 — Trois divinités chinoises en bois sculpté et doré.

5o — Encrier en bois sculpté, forme soulier.

5i — Bâton de mandarin en bois dur.

52 — Deux coupes en marbre noir.

53 — Sacoche en cuir décoré. Travail syrien.

54 — Poignard dans son fourreau en laque rouge, avec ornements de cuivre ciselé; il porte les armes de la famille des Taï-Kou.

55 — Deux hallebardes chinoises, à manches et fourreaux en bois laqué noir, à ornements métalliques.

BRONZES

56 — Vase ovoïde en ancien bronze patiné de la Chine.

57 — Vase-balustre à anses en bronze patiné de la Chine, à décor de dragons.

58 — Vase en bronze, à anse-sauterelle.

59 — Coupe plate en bronze, à rocailles.

60 — Paire de vases-balustres en bronze patiné.

61 — Autre paire de vases, même matière, à décor d'oiseaux.

62 — Autre paire de vases, même matière, à décor de dragons. (cire perdue.)

63 — Jardinière, à col évasé, en bronze patiné et munie d'anses.

64 — Théière en bronze patiné.

65 — Coupe multilobée, même matière.

66 — Coupe en cuivre gravé.

67 — Vide-poche en bronze, forme bateau.

68 — Encrier en bronze patiné, à tête de femme.

69 — Presse-papier en bronze patiné, sur socle en bois : femme étendue.

70 — Presse-papier en bronze patiné, forme tortue.

71 — Petit gong en bronze patiné.

72 — Paire de flambeaux en bronze patiné, à enroulement de dragon.

73 — Brûle-parfum en bronze, forme seau, muni d'un manche.

74 — Petit brûle-parfum en bronze ; couvercle à chien de Fô.

75 — Petit brûle-parfum en bronze patiné, posant sur un pied.

76 — Autre petit brûle-parfum ; couvercle à chimère.

77 — Lanterne en bronze patiné.

78 — Figurine de Bouddha, avec dragon, en bronze patiné.

79 — Figurine de paon en bronze patiné.

80 — Groupe en bronze : cygne perché sur une
tortue.

81 — Chimère en bronze patiné.

OBJETS EN BOIS ET LAQUE

PLATEAUX, BOITES

COFFRES, CABINETS, SUPPORTS, ETC.

82 — Petit plateau rectangulaire en laque noire
et or.

83 — Quatre plateaux ronds en laque noire et
or.

84 — Cinq autres plus petits.

85 — Grand plateau rectangulaire en laque noire
et décors dorés.

86 — Autre plateau carré.

87 — Série de quatre plateaux creux superposés
en laque d'or de Chine.

88 — Autre série en laque noire et or, comprenant cinq plateaux.

89 — Petit plateau en laque noire et or.

90 — Plateau rond en bois verni.

91 — Sébille en laque noir et or.

92 — Panneau de bois sculpté et incrusté, présentant des fruits et des oiseaux près d'une
cage.

93 — Plaquette de bois laqué, à dorures sur fond
noir.

94 — Boîte circulaire en laque rouge de Pékin.

95 — Petite boîte en laque de Pékin.

96 — Boîte à écrire en laque noir et or.

97 — Deux boîtes à tabac en laque noir et or.

98 — Boîte à plateau et compartiments en laque
noir et or.

99 — Autre boîte en renfermant deux plus petites,
en laque noir et or, avec incrustations de
nacre.

100 — Boîte à poudre en laque noir, à décor de feuilles.

101 — Deux autres boîtes du même genre.

102 — Service à fumeur, composé de quatre boîtes en laque noir et or.

103 — Coffre à opium en laque noire et or, avec deux récipients en bronze, et pipe.

104 — Coffret en laque noire et or, à décors de feuilles.

105 — Coffret en laque marron, avec décor d'oiseaux en dorure.

106 — Coffret plat en bois sculpté à quadrillages, avec application de fleurs en ivoire et matière dure.

107 — Petit cabinet, forme construction, en bois verni, marqueterie et laque, orné d'applications en métal gravé. Il ouvre à deux portes et est muni de nombreux tiroirs et casiers.

108 — Petit cabinet en laque noire, fermant à volets et comprenant six tiroirs intérieurs; il est muni de poignées latérales.

109 — Vase en laque noire et or.

110 — Deux étagères d'applique en laque noire et or.

111 — Petit support en bois verni, avec inscription en laque d'or.

112 — Support en bois dur, à décor de rinceaux réguliers.

113 — Support en laque noire et or.

114 — Meuble-support rectangulaire en laque noire et or.

MEUBLES

115 — Grand écran à monture de bois, orné de métal gravé aux angles et présentant une feuille-kakemono à paysage.

116 — Meuble-étagère en laque noire et or, à décors de feuillages.

117 — Grand meuble-cabinet en bois laqué noir et or, aux armes de la famille des Taï-kou, avec ornements en cuivre gravé à fleurs, aux angles et sur les côtés. Il ferme par deux portes et est muni de sept tiroirs, ainsi que de poignées sur les faces latérales.

118 — Commode en bois de rose, à trois rangs de tiroirs, ornée de bronze, tels que : poignées, serrures, chutes, sabots et cul-de-lampe ; elle est couverte d'un marbre rouge veiné et porte avec le poinçon de maître-ébéniste, l'estampille de Lardin. Epoque Louis XV.

2° Objets appartenant à Divers

TABLEAUX & GRAVURES

BOILLY (D'après)

119 — *La Rosière.*

Lithographie en couleurs.

BREUGHEL (Attribué à)

120 — *Scènes de pêche et de bain.*

Panneau.

DICKINSON (D'après)

121 — *The Love Letter*

Gravure à la sanguine.

DICKINSON (D'après)

122 — *The little Plundere.*

Gravure en bistre.

MONNOYER (Genre de)

123 — *Écusson entouré de fleurs.*

Toile.

REMBRANDT (École de)

124 — *Portrait de Vieillard.*
Toile.

ÉCOLE FRANÇAISE

125 — *Fleurs et fruits.*
Deux toiles se faisant pendants.

ÉCOLE HOLLANDAISE

126 — *La Kermesse.*
Toile.

OBJETS VARIÉS, TAPISSERIES

127 — Chocolatière et cafetière Louis XV, en cuivre (manches en bois).

128 — Cabinet en marqueterie d'ivoire, à treize tiroirs ornés de mascarons et poignées en cuivre doré, reposant sur pieds-chimères. Époque Louis XIII.

129 — Petit cabinet chinois en laque noire et or, muni de nombreux tiroirs.

130 — Coupon d'étoffe orientale.

131 — Portière en tapisserie présentant une figure de Renommée. Flandres XVIIe siècle.

Haut., 2 m. 85 cent. ; larg., 1 m. 15 cent.

132 — Tapisserie présentant un sujet tiré de l'histoire sainte ; Flandres, XVIIe siècle.

Haut., 2 m. 95 cent.; larg., 3 mètres.

133 — Objets omis.

www.ingramcontent.com/pod-product-compliance
Lightning Source LLC
LaVergne TN
LVHW011017180726
843502LV00007B/2592